George Lafenestre

La Peinture aux Salons de 1896

Critique

ISBN : 978-1981202119

10 9 8 7 6 5 4 3 2 1

George Lafenestre

La Peinture aux Salons de 1896

Critique

Table de Matières

Introduction

L'effort visible qu'ont fait, cette année, nos peintres, dans les deux Salons, pour reprendre, avec moins d'hésitations, les traditions nationales, quelque temps méprisées ou négligées, est d'un heureux augure pour la bataille solennelle et prochaine de l'an 1900. La recherche d'une technique plus rigoureuse et plus serrée pour le dessin, plus robuste et plus chaude dans le coloris, un retour général à l'expression plus naturelle et plus simple dans la figure humaine, l'adaptation plus réfléchie d'une ordonnance significative et d'une facture appropriée aux divers genres de conceptions, et, dans un certain nombre d'ouvrages, des aspirations imaginatives d'un ordre plus élevé, témoignent du ferme bon sens de nos jeunes artistes. Eclairés par les exemples de quelques maîtres infatigables, ils ne veulent plus perdre leur temps abattre, au hasard de théories changeantes, des buissons creux et stériles ; ils reprennent peu à peu la grande route, largo et claire, de la nature et de la vie, où il y a toujours en place pour tout le monde. Malgré les verbiages contradictoires qui se croisent par-dessus leurs œuvres, et les vastes mots sonores et creux qui s'échangent, à leurs propos, dans les livres et les conversations, malgré les réclames éboulées du charlatanisme et du mercantilisme, malgré les violentes exagérations de l'éloge ou du mépris qui leur sont prodiguées tour à tour et presque au hasard, la plupart se décident à croire que le plus sûr moyen de devenir de grands artistes c'est d'abord d'être d'honnêtes ouvriers. Ils reconnaissent que le métier du peintre est un métier difficile pour lequel on serait bien sot de ne pas recourir à l'expérience accumulée durant plusieurs siècles ; ils constatent qu'une fois ce métier appris, on a le droit de dire tout ce qu'on veut, tout ce qu'on rêve, tout ce qu'on pense, sans s'inquiéter de la mode courante ou de la théorie dominante. Une bonne peinture, après tout, quel qu'en soit le sujet, reste toujours de la bonne peinture ; un sujet quelconque présente toujours un certain intérêt lorsqu'il est bien rendu ; il suffit que l'artiste y ait mis sincèrement quelque chose de lui-même dans la façon de voir, de sentir ou d'exécuter.

Il faut renoncer, décidément, à ce séduisant paradoxe que des arbres sans racine produisent des floraisons plus fraîches que les arbres à croissance régulière, et qu'il suffit, à chaque génération, d'un enthousiasme spontané pour créer, de toutes pièces, un art nouveau. Si l'art, qui est l'expression de la vie, n'est, comme la vie elle-même, qu'un perpétuel renouvellement, il ne peut, non plus qu'elle, se soustraire aux lois générales qui dirigent ses transformations. Rien ne vient de rien ; tout procède de quelque chose et tout engendre quelque chose. L'artiste qui semble le plus original aux esprits superficiels est d'ordinaire celui qui s'est le mieux approprié, dans le passé, le plus grand nombre d'éléments épars, mais qui, se les assimilant avec le plus de force, ajoute à ce trésor acquis les richesses de son propre génie, accumulant de la sorte à son tour une réserve nouvelle d'inspirations et d'enseignements pour l'avenir ; tels furent Léonard, Michel-Ange, Titien, Raphaël, Corrège, Rubens, Rembrandt, Vélasquez, tous les peintres de génie, et, au-dessous d'eux, tous les peintres de talent. C'est le train ordinaire des choses ; si infatués que nous puissions être de tous nos progrès réels ou de nos apparences de progrès, nous n'y changerons rien : il faut se résoudre, pour naître, à avoir un père et une mère, et pour savoir quelque chose, à l'avoir appris. S'il subsistait, à cet égard, quelque doute, dans l'âme troublée de nos jeunes décadents, ils n'auraient qu'à regarder d'où procèdent, au Champ-de-Mars comme aux Champs-Elysées, les maîtres indépendants pour lesquels ils réservent un reste d'indulgence. Les moins contestés par eux, les plus fêtés par le public sont précisément ceux qui doivent le plus à leur enthousiasme réfléchi pour le passé, ceux chez qui l'étude attentive et obstinée des maîtres a toujours accompagné l'observation consciencieuse de la nature vivante : ce sont MM. Puvis de Chavannes, Dagnan-Bouveret, Henner, Harpignies, Benjamin-Constant, pour ne citer que les plus en vue. Quant aux étrangers, Anglais, Allemands, Belges, assez brillants cette année, on sait qu'ils n'ont pas l'habitude de renier leurs glorieux an-nôtres.

Section I

M. Puvis de Chavannes, fils respectueux et tendre de l'antiquité classique, âme sereine de poète grec égarée dans l'agitation bruyante d'un siècle pratique, esprit contemplatif et synthétique comme ses aînés de Lyon, Orsel, Chenavard, Flandrin, est celui de tous qui affirma, le plus vite et le plus nettement, il y a une trentaine d'années, ses origines et ses préférences, en même temps qu'il donnait la mesure de sa propre valeur. Pour quelques-uns, ses premiers essais de décorations monumentales, unifiées et simplifiées à la façon des pompéiens et des giottesques, *la Guerre et la Paix* de 1861, *le Travail* et *le Repos* de 1863 (au musée d'Amiens), sont même restés ses meilleurs ouvrages. On y admire, en effet, déjà, ce rythme ample et paisible des grandes lignes et des formes expressives, ce sentiment puissant et simple des attitudes naturelles aussi éloigné du pédantisme scolaire que des affectations romantiques, cette harmonie profonde et douce des colorations apaisées dans une atmosphère égale et lumineuse, cette grave intelligence du paysage entrevu, à la manière classique, autour des figures humaines : toutes ces séductions rares et pures qui enveloppent et pénètrent l'imagination d'une indéfinissable sérénité. Ainsi nous avaient enchantés les vénérables fresques, meurtries par le temps, des villas romaines et des cloîtres toscans, la véritable école où M. Puvis de Chavannes s'était senti naître et grandir, et dont la lointaine et inoubliable majesté, depuis près d'un demi-siècle, le hante, le conseille et l'inspire. Néanmoins, dans ces travaux de jeunesse, il est trop facile de surprendre, à côté de ces mollesses ou de ces lourdeurs dont il n'a jamais pu se débarrasser complètement, un assez grand nombre de réminiscences emphatiques ou banales qui se montrent plus rarement dans ses travaux postérieurs, la conviction y semble timide encore et la liberté d'esprit incertaine ; l'on ne saurait donc les comparer, pour le caractère et pour l'originalité, avec les grandes idylles héroïques qui déroulent sur les murailles du Panthéon et de la Sorbonne l'abondance magnifique et familière de leur douce éloquence.

L'exposition des dessins de M. Puvis de Chavannes qui accompagne, au Champ-de-Mars, ses dernières peintures, est particulièrement instructive et édifiante. Elle serait plus instructive encore, si, le jour où on la renouvellerait, on la classait avec plus de méthode, en rapprochant, comme points de comparaison, les préparations du même genre, études d'après nature et esquisses, faites par quelques contemporains, ceux qui, vers la même époque, sur la fin du romantisme, allèrent, comme lui, demander à l'Italie des conseils techniques pour la réalisation de leurs rêves, Gustave Moreau,

Paul Baudry, Elie Delaunay, Henner, etc.. C'est là qu'on saisirait, sur le vif, dans la spontanéité de leurs recherches, la diversité des tempéraments chez ces braves et beaux artistes qui ont fait tous un égal honneur à leur génération. Comme dessinateur, sous le rapport de la précision, de l'analyse intense et pénétrante des formes et des physionomies, M. Puvis de Chavannes n'y pourrait, à coup sûr, lutter avec quelques-uns d'entre eux ; comme artiste, on l'y verrait, le premier, affirmer sa personnalité et sa façon naturellement classique de comprendre la vie et d'interpréter la nature. Ce qu'il est aujourd'hui, il l'a été presque dès la première heure, et la consultation constante de la figure réelle n'a été pour lui qu'une occasion constante de la voir agrandie et ennoblie par la noble grandeur de son rêve.

L'antiquité, qui a été la première maîtresse du peintre, est restée toujours sa plus sûre conseillère ; il n'a jamais gagné à l'abandonner, car il ne sait guère appliquer les douceurs harmonieuses de son fier langage à la traduction de faits précis ou de figures prochaines. Les cinq panneaux décoratifs destinés à la Bibliothèque de Boston, inspirés par des souvenirs antiques, compteront parmi ses meilleurs ouvrages. Les sujets, à la fois traditionnels et grandioses, n'exigeant l'emploi que de deux ou trois figures d'une attitude expressive dans un paysage approprié, y sont présentés avec cette simplicité grave et émue qui est la plus grande et la plus rare, en notre temps, des séductions pittoresques. Deux bergers chaldéens, nus, contemplant le ciel étoilé, par une nuit délicieusement claire, non loin de leur compagne, moins curieuse, qui repose sous sa hutte de branches, représentent l'*Astronomie*. Ils n'éprouvent point, sans doute, à scruter, de leurs yeux éblouis, l'espace illuminé, cette angoisse poignante dont le pauvre Leopardi entendait l'écho sur les lèvres de son pasteur errant dans ces champs de l'Asie ; moins modernes, moins pessimistes, ils sont plus vrais dans leur extase naïve et profonde ; le ciel, d'un gris perlé, délicat et exquis, les baigne d'une indescriptible et chaste volupté. Dans les cinq panneaux, d'ailleurs, les ciels sont délicieux, à la fois variés et raccordés, et justement nuancés pour la signification du personnage. Cette délicatesse de goût n'est pas nouvelle dans l'œuvre de M. Puvis de Chavannes mais elle s'y marque, cette fois, d'autant mieux, que ces effets divers, dans un même sentiment, y sont plus rapprochés. C'est ainsi que pour accompagner le doux *Virgile*, en robe mauve, qui suit le bord d'un ruisseau, regardant les ruches qui bourdonnent, il a trouvé, sur sa palette, des notes printanières, d'un vert aussi frais et aussi tendre que le gris du ciel oriental était profond et limpide et que, pour consoler le sublime Prométhée, enchaîné sur son rocher, il fait luire, autour de l'essaim des blanches océanides, un azur immobile et serein dont *Eschyle* s'enivre et s'inspire. C'est dans l'azur encore, mais un azur légèrement troublé, qu'*Homère*, assis sur le rivage, entre la mer et les verdures, se laisse couronner par ses deux filles, l'Iliade et l'Odyssée. C'est enfin, sous un ciel à la fois plus triste et plus coloré que l'*Histoire*, descendant sous les rocs brûlés, y retrouve l'entrée des temples abolis. Partout la figure principale, accomplissant l'action qu'elle symbolise, dans une attitude sérieuse et naturelle, sans souci du spectateur, se trouve ainsi exaltée par la concordance heureuse de son milieu coloré, et c'est à cet accord naturel et naïf de la pensée et de la vision qu'est due la séduction irrésistible de ces rêves flottants et grandioses auxquels le spectateur ravi n'a plus le courage de réclamer la précision qui serait nécessaire à des réalités. Faut-il gâter ses joies en reprochant au chantre divin et vague des *Harmonies* et de la *Chute d'un ange*, de n'avoir ni la maîtrise raffinée d'Alfred de Vigny, ni l'éclatant coloris et la sonorité victorieuse de Victor Hugo, ni la correction virile de Leconte de Lisle ; après tout, n'est pas Lamartine qui veut. Ne demandons pas à M. Puvis de Chavannes d'être Ingres ou Delacroix, ne lui demandons même pas d'être Baudry ou Gustave Moreau : n'est pas Puvis qui veut, et nous le voyons bien, car personne ne l'étudie sans danger et ne l'imite sans ridicule.

Ce n'est point si tôt, ni d'un élan si rapide et si instinctif, que M. Dagnan-Bouveret est devenu un peintre d'histoire et de style, un peintre classique. La route est longue qu'il a parcourue, d'un pied patient et courageux, depuis les anecdotes bourgeoises et sentimentales de la *Noce chez le photographe* et de l'*Accident* avant d'arriver, en passant par les études ethnographiques et morales du *Pain bénit*, du *Pardon*, des *Conscrits*, au grand poème de la *Cène*, l'œuvre capitale, cette année, de l'école française, et qui n'est, on peut le croire, qu'une étape encore dans la carrière d'un si jeune artiste. C'est par degrés, laborieusement, à force d'analyses scrupuleuses de la réalité, qu'il a simplifié et élargi sa manière de voir, qu'il a fortifié et réchauffé sa manière de peindre, se débarrassant peu à peu de ces habitudes de sécheresse et de minutie contractées par presque tous les émules ou successeurs de Bastien-Lepage. C'est par un lent effort que son imagination, allant des détails à l'ensemble, du particulier au général, est arrivée à concevoir des groupes plus expressifs et des actions plus intéressantes. Toutefois, M. Dagnan-Bouveret n'avait point jusqu'à présent mis le pied sur le terrain de l'histoire proprement dite. En prenant, pour son champ d'essai, le sujet même où les plus grands initiateurs de la Renaissance, Taddeo Gaddi, Andréa del Castagno, Cosimo Rosselli, Domenico Ghirlandajo, avaient donné la mesure de leur vigueur intellectuelle et pittoresque, et que leur prodigieux héritier, Léonard de Vinci, avait choisi pour y développer, dans la perfection d'un chef-d'œuvre unique, l'étendue et la profondeur de son génie, il s'exposait à la comparaison de souvenirs redoutables. L'honneur qu'il a rêvé lui est acquis : ces souvenirs ne l'écrasent pas.

Ce dernier repas de Jésus avec ses disciples, cette *Cène* qui est à la fois l'institution de l'Eucharistie et l'annonce de la Passion, a été différemment représentée par les artistes, suivant qu'ils y ont vu de préférence l'origine miraculeuse d'un culte nouveau ou le prélude humain d'une tragédie divine. La mise en scène qui a prévalu de bonne heure, après la fresque de Taddeo Gaddi dans le réfectoire de Santa Croce, est la disposition en longueur, avec la table de fond, derrière laquelle le Christ et tous les apôtres se présentent de face ou de profil, sauf le traître Judas, assis, à part, sur le devant, mieux désigné ainsi à la haine des fidèles. C'est celle qui se retrouve dans presque tous les couvents italiens, durant le XVe siècle, Andréa del Castagno, Cosimo Rosselli, Domenico Ghirlandajo n'y ont rien changé que quelques accessoires matériels. Chez tous, le Christ est assis ; chez tous, il laisse reposer sur son cœur la tête endormie de Jean, le disciple bien-aimé. Son geste, dans cette attitude contrainte, forcément lent et contenu, est celui d'une résignation douloureuse et bienveillante. Chez Ghirlandajo comme chez Castagno, son modèle, c'est par des expressions méditatives et des échanges de réflexions, à voix basse, entre voisins, que les apôtres manifestent, gravement et discrètement, leur surprise ou leur indignation. A première vue, Léonard de Vinci semble avoir lui-même complètement respecté cette ordonnance séculaire : en fait, il la modifie à fond, tant pour le sens que pour la forme. Son esprit scientifique de philosophe expérimental et de statuaire naturaliste, très peu porté au mysticisme, y voit surtout un drame humain. Avec ses habitudes de pousser à fond toutes ses recherches, il saisit cette occasion de grouper, dans une action fortement nouée, tous les acteurs, en donnant à chacun l'expression la plus intense et la gesticulation la plus significative d'après la nature de son tempérament et la probabilité de ses sentiments. Pour se conformer à la vraisemblance, qui est, en tout, sa grande règle, il fait d'abord rentrer Judas dans le rang : le traître n'est plus désigné à la vindicte publique que par la hideuse ignominie de son visage et le lâche aveu de son mouvement en arrière. D'autre part Jean s'est réveillé ; il ne pèse plus sur le bras du Maître qui peut largement s'ouvrir au moment où tombe de ses lèvres la parole fatale : « Quelqu'un me trahira. » Point de doute, cette fois. C'est bien l'annonce de la trahison. Et voilà que brusquement arrachés à leurs méditations personnelles ou à leurs dialogues particuliers, tous les disciples tressaillent, protestent, s'indignent, se désignent, quelques-uns se lèvent, presque tous se tournent vers le Fils de l'Homme, implorant une explication plus nette dans ses regards obstinément et douloureusement baissés. On les entend autant qu'on les voit. La pantomime plastique ne pourrait aller plus loin sans tomber dans la convention théâtrale. Aussi cette *Cène* dramatique de Léonard s'est-elle imposée aux imaginations comme une réalisation si complète et si définitive de cette conception particulière du sujet qu'aucun grand artiste n'a plus osé le reprendre sous le même aspect. Les pieux et les tendres, comme l'auteur anonyme de la fresque de San Onofrio, longtemps attribuée à Raphaël, ou comme Andréa del Sarto, au couvent de San-Salvi, sont retournés arrière immédiatement, par-dessus Léonard, aux simplicités pieuses de Florence et de l'Ombrie. C'est ce qu'a fait aussi M. Dagnan-Bouveret, pour la meilleure partie et la moins discutable de son bel ouvrage, pour la disposition et les gestes de ses apôtres ; il a bien fait.

Jésus n'est donc plus ici, autant que chez Léonard, le maître trahi et le martyr prochain, préparant ses fidèles à la catastrophe. Si c'est encore l'homme, c'est déjà l'homme transfiguré, presque irréel, un fantôme de Dieu, d'une blancheur exaltée et diaphane, présentant, dans une coupe de verre, le mystère du vin sanglant à ses disciples extasiés. Le surnaturel, auquel nul des pieux artistes du moyen âge et de la Renaissance n'avait eu recours, pénètre de toutes parts l'œuvre du XIXe siècle incrédule et raisonneur. De toutes parts ? Non. A vrai dire, c'est le Christ seul, le Christ divinisé avant l'heure, qui rayonne, comme s'il était déjà le Christ d'Emmaüs, le ressuscité, et qui, de sa propre lumière, illumine la salle voûtée, basse, froide et nue, où se tient le triste banquet, bien différente aussi de cette salle haute et meublée dont parle l'Évangile et des salles ensoleillées et printanières des Florentins. Est-ce dans le fameux Tintoret de San Giorgio Maggiore, où, suivant son habitude, le fougueux coloriste bouleverse, eu dramaturge révolutionnaire, les vieilles formules ecclésiastiques, que M. Dagnan-Bouveret a pris l'idée de ce Christ qui se lève, se tient debout, discourant, comme un orateur, et qui éclaire ses voisins de son rayonnement ? Peut-être n'est-ce qu'une simple rencontre. Toutefois, dans la toile extraordinairement mouvementée du Vénitien, pour lequel l'agitation des formes dans les lumières est la joie suprême, le surnaturel, si on peut le dire, reste encore soumis aux lois naturelles. Ce n'est point seulement par le nimbe fulgurant de Jésus qui s'incline tendrement vers le beau saint Jean pour lui donner le pain de vie, ni par les autres nimbes, non moins fulgurants, dont le peintre a généreusement et logiquement muni les têtes des apôtres, ni même par les éclairs tombés des volées d'anges, aux ailes diaprées, tournoyant dans les hauteurs, que s'illumine la vaste salle où courent les valets empressés et les servantes décolletées. Un éclairage réel, celui de grandes lampes, aux becs flambants et fumants, suspendues au plafond, entre-croise ses feux avec les feux imaginaires, d'après les règles ordinaires de la physique ; ce sont ces complications même qui amusent et excitent la virtuosité de l'incomparable praticien. Il a fait de la *Cène* une magnifique pièce d'artifice, une apothéose d'opéra, et, dans l'éblouissement du spectacle, on ne regarde plus le jeu des acteurs.

C'est, au contraire, sur les acteurs que l'artiste moderne, avec un goût plus sérieux et un sentiment plus grave et plus respectueux, a voulu, comme les primitifs, concentrer notre attention Nous n'aurions qu'à louer la simplicité digne avec laquelle il l'a fait, si nous n'étions troublés d'abord par cette introduction inattendue de l'effet fantastique dans lequel M. Dagnan, plus hardi que Tintoret, va jusqu'à violer les lois habituelles de la lumière. Comment et par quoi est éclairée la salle ? Avant que le Christ ne se soit transfiguré, s'y trouvait-on dans l'ombre ? C'était au jour tombant, nous dira-t-on. Soit encore, et nous acceptons que le Christ, se dressant dans sa tunique éclatante, projette tout à coup devant lui un flot de lumière. Mais d'où vient alors l'énorme ombre portée qui s'allonge derrière lui et ne saurait raisonnablement être produite que par une lumière distante, basse, de premier plan ? L'éclat du calice incandescent suffit-il à l'expliquer ? Nous ne voudrions pas donner à ces chicanes matérielles plus d'importance qu'il ne sied ; nous cherchons seulement les causes de l'embarras qu'ont éprouvé, comme les nôtres, les yeux de bien des gens devant un manque apparent de logique lumineuse dans une œuvre si logiquement pensée et dont les plus belles parties, les apôtres rangés autour de la table, la table elle-même et les accessoires, sont précisément traitées avec un sentiment particulièrement juste et puissant de la réalité. Quoi qu'il en soit, une fois cette première inquiétude passée, on ne saurait qu'admirer la conviction, la pénétration et la force avec lesquelles M. Dagnan-Bouveret a caractérisé toutes ses figures. Le Christ est très moderne, un peu languissant, sinon efféminé, et légèrement sentimental, mais tendre, délicat, exalté. Le doux saint Jean, à sa gauche, est un de ces beaux adolescents, à la physionomie ouverte et confiante, comme on n'en trouve plus guère dans nos grandes villes, un adolescent de province ou de campagne avant la vie de garnison. Il rappelle, pour la naïveté et pour la vérité ethnographique, le saint Jean tourangeau qui interroge le Christ dans la *Cène* de notre Jehan Foucquet, si familièrement installée, autour d'une table ronde, dans une bonne salle d'auberge, dont la fenêtre ouverte laisse voir l'abside de Notre-Dame. Parmi tant d'illustres prédécesseurs, si M. Dagnan-Bouveret se rattache plus directement à l'un d'eux, sciemment ou spontanément, c'est (qu'il en soit loué) au peintre de Charles VIII et de Louis XI, à notre peintre le plus vraiment national et qui, comme M. Dagnan, a puisé les meilleurs éléments de son génie, dans l'étude attentive et franche des types locaux et de la vie française. Les apôtres de Caslagno, de Léonard, d'Andréa del Sarto étaient des Milanais et des Florentins exaltés et transfigurés par la majesté de la tradition évangélique et antique, les apôtres de M. Dagnan-Bouveret sont des Français, paysans ou citadins, choisis de préférence, par l'artiste, comme ils l'eussent été par le Christ, dans le peuple et parmi les travailleurs. Sous les tuniques ou les toges, de couleurs unies et sobres, bleuacées ou verdâtres, dont ils sont modestement vêtus, on reconnaît des types aussi vrais et aussi prochains que les types déjà fixés, avec autant de finesse, mais moins d'ampleur et de virilité, dans le *Pardon* ou les *Conscrits*. L'honnêteté, la franchise, la conviction parlent sur tous ces visages dont quelques-uns sont aimables et quelques autres énergiques. Comme Fra Angelico et Luini, comme tant d'artistes, tendres et doux, qui ne purent jamais peindre un bourreau effrayant, il semble que la droiture de M. Dagnan, si bien préparée à exprimer des physionomies honnêtes, ait eu quelque peine à réaliser le type affreux de Judas. Son traître, immobile, à la gauche du Christ, dans une attitude sournoise et troublée, l'œil fixe, la lèvre plissée, garde encore un air si simple et si digne, que beaucoup l'ont pris pour saint Pierre. On croyait trouver l'Iscariote dans un autre personnage, brun et barbu, d'aspect revêche, à profil sémitique, debout, qui s'avance sur la gauche. On sait combien Léonard réalisa difficilement son type de traître, après avoir cependant fréquenté, pour le rendre, tous les gredins de Milan. Chez M. Dagnan, l'incertitude a moins d'importance, puisqu'il a voulu surtout représenter la divinisation du Christ et la vocation de ses disciples ; il est clair que, s'il les eût cherchés, il eût trouvé facilement, dans notre heureuse civilisation, des chenapans aussi caractérisés que ceux de la Renaissance.

MM. Puvis de Chavannes et Dagnan-Bouveret représentent avec éclat, on le voit, au Champ-de-Mars, les plus hautes traditions de l'art ; on doit constater que leur exemple n'y est guère suivi. A part M. Delance, qui, dans ses peintures pour une église des Basses-Pyrénées, applique à des sujets rebattus une expérience habile et de réelles qualités de décorateur coloriste, personne ne semble s'y douter qu'un peintre peut avoir une occupation plus importante que celle de transmettre à la postérité quelque impression passagère produite sur des yeux sensibles et bien préparés par l'apparition rapide d'une ou deux formes vivantes sous un éclairage compliqué ou bizarre. Les études, intéressantes ou curieuses, dans ce genre, n'y sont pas rares, elles ont leur prix ; ce n'est pas toutefois par ces simples exercices que nous garderons notre suprématie. Au palais des Champs-Elysées, les compositions, à figures variées, grandes ou petites, se présentent, au contraire, en assez grand nombre. Le succès n'y répond pas, chez toutes, à l'effort, non plus que la qualité à la dimension. On peut même éprouver autant de pitié que de sympathie pour l'imprudence généreuse et désintéressée avec laquelle tant de jeunes artistes se précipitent en ces vastes aventures au risque de n'y récolter, à coup sûr, que les quolibets de la critique et le mépris des collectionneurs. Pour les étrangers, plus positifs, ces labeurs gigantesques et gratuits sont une cause d'étonnement, une cause aussi de respect et d'admiration pour notre école. En réalité tous ces efforts excessifs ne sont pas perdus ; il n'est guère de peintre en renom aujourd'hui qui n'y ait d'abord essayé et affermi ses forces dans sa jeunesse, comme il n'est guère de romancier ou d'auteur dramatique qui n'ait débuté par la poésie épique ou lyrique. C'est par des tentatives semblables que s'apprend l'art essentiel de la composition. Si nous perdions nos vieilles qualités de compositeurs puissants ou spirituels, poétiques ou élégants, si nous cessions d'appliquer aux arts plastiques le génie observateur et dramatique de la nation, nous pourrions courir le risque de nous trouver quelque jour fort désemparés vis-à-vis de nos rivaux du dehors souvent mieux doués que nous pour la hardiesse de la vision, le tour de main et la sensibilité.

Il faut bien nous prendre tels que nous sommes. Avant tout, nous sommes une race raisonneuse, éloquente, littéraire, plus sensible à l'expression des êtres qu'à leur beauté, à la signification des choses qu'à leur nature. C'est par l'intelligence littéraire que les trois quarts des Français cultivés arrivent ou croient arriver à l'intelligence plastique et pittoresque. La sensibilité spontanée des yeux pour les formes et les couleurs est plus rare chez nous encore que la sensibilité naturelle des oreilles pour les sons, et, bien que cette sensibilité spéciale se soit notablement développée, depuis une trentaine d'années, sous l'influence des voyages, de la curiosité, de l'éducation, de la mode, nous n'en restons pas moins, en masse, comme Français, soumis aux exigences de notre tempérament, et nous comprenons malaisément l'œuvre d'art si elle ne nous apparaît pas d'abord comme la représentation d'un sentiment, d'une observation, d'un drame ou d'une idée exprimés en un langage visible et tangible. Il n'y a pas à s'excuser, comme on fait parfois, de cet état mental, auquel nous devons, en réalité, tous nos artistes originaux, depuis les pieux et charmants imagiers ou miniaturistes du moyen âge, jusqu'aux savants ou aimables décorateurs des siècles académiques, depuis nos naïfs ou spirituels portraitistes et illustrateurs du XVIIe et du XVIIIe siècle jusqu'aux peintres lettrés du XIXe siècle, depuis Jehan Foucquet jusqu'à Meissonier, depuis Poussin, Lebrun, Watteau, Boucher jusqu'à David, Géricault, Delacroix. Si on retirait de l'œuvre de ces admirables artistes, et de bien d'autres, tout ce qu'ils doivent à leurs lectures, à leurs études, à leur curiosité intellectuelle, qu'en resterait-il ? Une fois pour toutes, finissons-en avec ces chicanes puériles. Sachons nous connaître, et tirons parti de nos qualités, d'abord, de nos défauts ensuite. Tout ce qu'on peut demander à un peintre, c'est de faire de la bonne peinture. Or un bon peintre en fait avec tout, même avec de la littérature ; un mauvais peintre n'en fait avec rien. L'essentiel c'est de ne point confondre le sujet, qui n'est presque rien, avec son interprétation, qui est presque tout. Eternel sujet de malentendus entre le gros public et les artistes ; les uns n'en sont encore qu'à regarder les intentions, tandis que les autres s'attachent seulement aux résultats. Le rôle de la critique est de discerner si les résultats répondent aux intentions.

L'intention de M. Rochegrosse, dans l'*Angoisse humaine*, s'est-elle exprimée en un langage de peintre assez ferme et assez clair pour qu'on en saisisse, avec satisfaction et sans effort, toute la portée ? Une trentaine d'hommes et quelques femmes, tous modernes, tous de Paris, d'habits très divers, en vestons, vareuses, fracs noirs, guenilles, robes de bal, tous avec des visages tourmentes ou convulsés, grimpent, en se bousculant, gesticulant, vociférant, les uns par-dessus les autres, et forment une sorte de pyramide vivante, grouillante et confuse, dont le sommet lance quelques bras tendus vers deux fantômes vaguement dorés qui scintillent dans le brouillard des nues. Au fond, les toitures et les tuyaux fumants de la grande ville ; en bas, un cimetière dans lequel sont déjà tombées quelques victimes de cette effroyable bousculade. L'œil est d'abord troublé par une incertitude : sur quel genre de support se hisse, pour tenter l'escalade, cette foule enfiévrée ? Escalier, charpentes, maçonnerie ? En fait, c'est une sorte d'avancée de terrain qui

surplombe et forme cap ; on ne le voit pas tout de suite ; or, rien
n'est si nécessaire que la vraisemblance des apparences pour assurer
la vraisemblance d'un rêve. Cette première inquiétude ne se trouve
guère consolée par le jeu des colorations, qui est monotone et
sourd. Peut-on, il est vrai, s'étonner que le noir domine, le noir
affreux de nos enveloppes, dans ce groupe de sombres figures ?
Pourtant, il y a noir et noir, comme Pont sur les habiles coloristes,
et le noir de M. Rochegrosse n'est pas seulement triste, il est terne.
Ce sont là, je crois, les deux erreurs qui ont empêché quelques
personnes de reconnaître d'abord, dans la composition nouvelle
de cet ingénieux chercheur, des qualités remarquables. Les figures
sont clairement et puissamment groupées dans cet enchevêtrement
mouvementé, la plupart des têtes, ravagées et dévastées par toutes
les souffrances des aspirations chimériques, soifs de jouissances,
soifs de gloire, soifs d'amour, sont peintes avec une vigueur de
pinceau et une force d'expression qu'on ne trouverait point dans les
toiles antérieures de l'artiste. M. Rochegrosse n'a jamais concentré,
sur une de ses conceptions, plus de conscience et plus de science,
plus d'émotions et plus de talent, et l'on s'aperçoit bien, plus loin,
des mérites de l'*Angoisse humaine* lorsqu'on la compare avec les
autres peintures où l'on traite aussi de matières philosophiques,
sociales, humanitaires.

La plus vaste de toutes, l'une des moins remplies, est celle de
M. Pelez qui s'intitule tout bonnement l'*Humanité*. Ne soyez
pas effrayé par la grandeur du mot ; l'idée est petite. Dans l'allée
d'un square parisien, devant un talus de gazon, sont rangés, à
la suite, quelques types connus de la pauvreté et de la vanité
contemporaines : ouvriers sans travail, prolétaires invalides, mères
de famille déguenillées, nourrices mercenaires, bébés richement
emmitouflés, bourgeoises endimanchées et catins qui végètent
silencieusement, ou tapageuses, se toisant avec mépris ; auprès d'un
gros rentier qui ronfle sur sa chaise, un miséreux debout, aux yeux
hagards et menaçants, donne la note révolutionnaire. La file pouvait
s'allonger indéfiniment, car M. Pelez aurait trouvé sans peine, dans
la grande ville active et laborieuse, d'autres types complémentaires,
s'il avait voulu représenter vraiment l'humanité, même l'humanité
restreinte de Paris en l'an 1896. La douloureuse et fatale antithèse
du luxe et de la misère qui a déjà fourni matière à tant d'œuvres

déclamatoires se présente ici avec une banalité enfantine. L'addition faite, après coup, d'un grand crucifix rayonnant, que nul ne regarde, dans le fond de feuillages, ne change rien à l'insignifiance de l'ensemble. Une telle pauvreté d'idées n'aurait pu trouver d'excuse que dans la force et la beauté de l'exécution, mais, sous ce rapport, malgré un talent réel de dessinateur et d'analyste, M. Pelez est resté à mi-chemin. Quelques-unes de ses figures, notamment celles des pauvres diables affamés et souffreteux, ont été vues, d'un regard perspicace, par un artiste vraiment ému et compatissant ; d'autres, celles des enfans, sont d'une tournure vive et d'un coloris charmant. Par malheur, tout cela flotte à fleur de toile, tout cela est si mince et si diaphane, qu'on croit voir des reflets plutôt que des corps. Une facture si vaporeuse est-elle acceptable en un sujet si réel, dans un cadre de telles dimensions ?

Que les peintres s'occupent des questions sociales, libre à eux ; ils trouveront peut-être là l'idéal nouveau qu'ils poursuivent, et nous en serons ravis. Leur art ne peut nous apporter la solution du problème, mais il peut nous donner l'émotion bienfaisante ou douloureuse qui dispose à le comprendre, et c'est tout ce que nous leur demandons. C'est aussi ce que nous avons le droit rigoureux de leur demander. Etes-vous très ému devant les ombres diaprées de M. Pelez ? J'en doute. L'êtes-vous davantage devant les figurines, très précises et très nettes, de M. Béraud, dans son petit tableau de *la Poussée* ? Je ne le crois pas. L'anarchiste au repos de M. Pelez entre ici en action. D'une violente bourrade, il a brisé la porte d'une salle à manger où des gens du monde font la noce. Les convives s'enfuient, sauf un jeune homme qui profite de l'occasion pour embrasser d'une étreinte dernière sa voisine fort décolletée ; c'est ce qui s'appelle finir d'une fin héroïque. C'est le pendant de la *Madeleine* d'autrefois. Jeux aimables d'une fantaisie gouailleuse et sceptique, jeux innocents d'un observateur spirituel et d'un dessinateur habile. L'exécution, si soignée et si fine, éloigne d'elle-même toute impression profonde et toute terreur durable.

Toutes ces allégories semblent bien fades à côté de la réalité. Les Belges, avec leur franchise brutale et leurs grasses palettes, n'y vont pas par quatre chemins. Ils ne se perdent pas dans le symbole. Ils regardent ce qu'ils voient, ils nous émeuvent en le peignant. Combien moins de littérature et de sentimentalité dans la *Lutte pour la Vie* de M. Luyten que dans l'*Angoisse* de M. Rochegrosse et dans l'*Humanité* de M. Pelez ! Combien plus de vérité, d'émotion, de peinture ! D'imagination ? nulle apparence. De raisonnement ? pas davantage. Une affreuse salle basse d'estaminet où se chamaillent, s'insultent, se cognent, dans une réunion de grévistes et d'affamés, autour d'une loque rouge, des ouvriers et leurs femmes. Il y a déjà un cadavre à terre. Les vivants, au-dessus, vocifèrent, gesticulent, menacent. C'est un grouillement effroyable de têtes souffreteuses, abruties, sauvages, lamentables. L'exécution, à fond gris, avec des rehauts bleus et bleuâtres, est grave et brutale, vigoureuse et saccadée, comme l'action même. A quoi servirait une figure allégorique ou académique, la Misère ou la Famine, planant sur une mêlée suffisamment significative ? A nous faire douter de la sincérité de l'artiste. Dans les sujets contemporains, presque toujours, l'allégorie est inutile, plus qu'inutile, déplacée et choquante. Il la faut laisser aux décorateurs qui en vivent.

Un autre Anversois, M. Struys, dans une scène non moins concrète, nous semble aussi exprimer l'idée de la mort d'une façon plus poignante que toutes les compositions symboliques sur le même sujet. Il lui suffit, à son habitude, de ramasser deux ou trois figures, dans un cadre étroit et bas, en des attitudes très significatives, sous les larges accents, savamment expressifs, d'un coup de lumière justement répartie. La force de son émotion et la virilité de son pinceau font le reste. Son *Désespéré* vaut ses œuvres précédentes. Au fond d'une modeste salle, une petite porte s'ouvre sur une chambre, éclairée par une veilleuse, dans laquelle on voit, de dos, se pencher une vieille dame en noir. Derrière la dame, vu de dos encore, un jeune diacre, tête nue, en surplis blanc, avec une grosse lanterne, puis, derrière, un vieux prêtre, en chasuble jaune, portant, sous un linge, l'extrême-onction ; à gauche, une servante prosternée, devant un fauteuil de paille, en pleurs, la tête cachée dans son tablier ; à droite, agenouillé, un vieux domestique, dont on n'entrevoit que le crâne chauve et les yeux baissés. Ces yeux, des yeux sans regards, sont les seuls que le peintre ait montrés ; pas un visage de face, à peine un profil ; c'est avec des dos, des nuques, des attitudes que le peintre nous remplit de l'angoisse et du respect dont tous ses personnages sont pénétrés. Des tableaux si simplement conçus et si fortement exécutés font admirer la puissance expressive de la peinture à ceux qui l'aiment et devraient la faire comprendre à ceux qui ne l'aiment pas encore. Chez M. Struys, plus encore chez M. Luyten, l'harmonie est complète entre la façon de sentir et la façon de peindre, et l'on y constate cette unité d'aspect, cette coordination soutenue des formes dans la lumière, qui, pour un œil exercé, caractérise, avant tout, les bonnes peintures.

Cette unité d'aspect, qui désigne aux yeux de tous, dans une exposition ou dans un musée, les ouvrages fortement conçus et résolument exécutés, s'établit, cela va sans dire, avec plus de difficultés dans les grandes que dans les petites toiles. La multiplicité des figures, la variété des mouvements, les complications de l'éclairage entraînent d'autant plus le peintre inexpérimenté ou indécis à une dispersion et un morcellement d'effets qu'il travaille sur une plus vaste surface et qu'il doit accorder des tonalités plus éclatantes. Rubens, Gros, Géricault, Delacroix ont donné d'admirables exemples de ces orchestrations soutenues dans la note vigoureuse et retentissante, comme Tiepolo et Boucher dans la note aimable et brillante. Nos contemporains, en général, n'osent plus se hausser à ces hardies ou joyeuses aventures ; c'est dans l'atténuation des coloris, dans l'abaissement des sonorités, dans l'uniformité, plus facile à réaliser, des teintes grisâtres ou jaunâtres, que les meilleurs d'entre eux cherchent, avec inquiétude ou timidité, cette indispensable unité. En voici des exemples bien frappants dans les plus importants tableaux d'histoire ou de genre historique qu'on voit aux Champs-Elysées : ceux de MM. Tattegrain, Buffet, Lionel Royer, Surand, Thirion, Boyé, Rouflet, etc. Non seulement les sujets choisis y sont tristes, quand ils n'y sont pas lugubres ou répugnants, mais la peinture y reste le plus souvent grise, mince et terne, alors même qu'elle aurait le droit, sans contredire au sujet, d'être chaleureuse, ferme et vibrante.

La notation grise, sans doute, était de rigueur pour M. Tattegrain, puisque la scène terrible qu'il nous présente, avec un très remarquable talent, se passe en plein hiver, en Normandie, par un temps de neige. Les Français de Philippe-Auguste, en 1204, assiègent le Château-Gaillard, défendu par les Anglais de Jean sans Terre. Il faut lire dans le véridique chroniqueur, Guillaume Guiart, témoin oculaire, dont les descriptions exactes et détaillées ont fourni à Viollet-le-Duc la matière d'une de ses plus instructives études sur l'architecture du moyen âge, les péripéties de ce long siège, qui se termine par la prise du fort, le chef-d'œuvre du génie militaire de Richard Cœur de Lion, regardé comme imprenable. L'héroïsme des assiégeants et des assiégés fut égal dans cette lutte épique ; leur cruauté ne le fut pas moins. Les habitants du Petit-Andely, chassés par les Français, s'étaient d'abord réfugiés dans la forteresse, mais le gouverneur, Robert de Lascy, forcé de ménager ses vivres, les en expulsa bientôt. Repoussés ainsi à la fois par les deux armées, ces malheureux, vieillards, femmes, enfants, les *Bouches inutiles*, périrent, en quatre mois, de froid et de faim, dans le pli d'une vallée, entre les hautes murailles de l'Anglais et les hautes tours en bois des Français, également inflexibles. Après avoir mangé des herbes, après avoir mangé des racines, ils se mangèrent eux-mêmes, dit le chroniqueur, le chapelain du roi. M. Tattegrain, avec ce goût particulier pour les sauvageries que professo le dilettantisme aimable des jeunes générations, ne nous a point épargné cette scène de cannibalisme. On est en train, dans un coin, sur la gauche, de dépecer, en hurlant, un compagnon de détresse, mort ou mourant. Cet épisode répugnant était-il indispensable ? Augmente-t-il l'impression de pitié que le peintre a voulu nous donner, et qu'il nous donne par le spectacle lamentable de toutes ces pauvres créatures déguenillées, affamées, désespérées, se traînant de tous côtés dans la neige, fouillant les glaces, se rongeant les mains ? L'émotion soutenue avec laquelle il a représenté tous ces désespérés suffirait à nous toucher profondément, même si nous nous arrêtions à regarder séparément chaque figure, mais ce n'est point, en vérité, dans ces figures détaillées que réside la grandeur émouvante de la composition, c'est dans l'ensemble et dans le paysage, c'est dans la majesté silencieuse et impassible de ces escarpements inabordables, de ces neiges stériles, de ce fleuve inutile, de ces murailles hautaines et de ces tours féroces, de toute cette accumulation d'insensibilités grandioses autour de ces pauvres êtres lâchement abandonnés. M. Tattegrain excelle à faire du paysage français, très réel et très observé, l'action principale de ses tragédies plébéiennes. Qui ne se souvient des tourbes affreuses dans lesquelles, sous une pluie glacée, tremblent les genoux des paysans humiliés de la *Bataille de Cassel*, et des dunes sablonneuses, tristement ensoleillées, d'où saillissent les ossements que renifle le cheval de Condé ? N'eût-il que ce mérite d'avoir montré ce que pouvait être, en notre temps, le paysage historique, c'est-à-dire un paysage vrai, servant de cadre et d'explication à une action vraisemblable, M. Tattegrain, l'un des peintres qui comprennent le mieux, et d'ordinaire avec le plus de simplicité, les souffrances des humbles et les peines des laborieux, mériterait, dans sa génération, une place à part. Tout est français dans ses œuvres : la nature, les gens, le sentiment, l'émotion ; il faut lui savoir gré de cette sincérité fort rare et de ce patriotisme spécial. Si la grisaille hivernale et normande de M. Tattegrain est plus qu'excusable, j'ai de la peine, je l'avoue, à me faire aux grisailles carthaginoises de MM. Thivier et Surand, illustrateurs de *Salammbô*. Que leur lumière est pauvre ! Que leur atmosphère est triste ! Et nous sommes en Afrique ! Le *Défilé de la Hache*, d'un parti pris jaunâtre, qui fit connaître M. Buffet, en 1894, semblerait chaleureux à côté de cette calme froideur. Ce n'est pas que ces deux toiles, très soignées, soient insignifiantes : chez M. Thivier, la disposition est dramatique, et les figures, bien posées et bien dessinées, n'y sont pas rares ; dans ce rythme atténué, d'ailleurs, l'harmonie est trouvée. Chez M. Surand, les divers morceaux, plus sèchement détaillés, se combinent avec plus d'embarras, trahissant des réminiscences trop diverses. Certains groupes, comme celui des éléphants, sont étudiés avec conscience et force. M. Surand avait débuté par des hardiesses de coloriste qu'il nous faudrait regretter si ses progrès comme compositeur et comme dessinateur devaient l'y faire renoncer. Une tristesse plus accentuée encore dans la lumière, et des timidités presque constantes dans une exécution laborieuse compromettent beaucoup aussi l'effet définitif de *Germanicus* retrouvant, sur le champ de la défaite, les squelettes et les reliques des légions de Va rus. La scène est disposée sans nouveauté, suivant les traditions scolaires, mais M. Lionel Royer montre, dans quelques figures, des qualités réelles de dessinateur qui, pour être académiques, n'en sont pas moins utiles et dont le mépris n'a point porté bonheur, en ces dernières années, aux écoliers trop vite émancipés de la rue Bonaparte.

Certes, nous voyons avec joie nos jeunes peintres, émus par toutes les trouvailles inespérées qui, depuis vingt ans, à Tanagra, à Athènes, à Olympic, à Delphes, ont fait de nouveau resplendir le génie hellénique, dans sa variété la plus surprenante et sa grâce la plus familière, porter de nouveau leur imagination et leurs études vers la divine Grèce, car nous pouvons espérer qu'ils y retrouveront, avec le goût de la beauté simple et saine, le goût aussi de toutes les fortes ou tendres couleurs, de toutes les vives ou fines clartés. Dans la couleur et la clarté, les nuances sont infinies, mais toute couleur réjouit l'œil et toute clarté ranime l'âme. Nous avions bien le droit d'attendre le soleil sur la route tournante de l'Acropole où se déroule, au pied du Parthénon étincelant, la procession des Panathénées, dans la *Fête antique*, de M. Buffet. Le soleil, en effet, s'y montre, mais c'est un soleil encore mal nettoyé, et qui se dégage avec quelque effort de cette atmosphère jaunâtre dont certains archaïsants anglais et allemands s'obstinent à le voiler, M. Buffet dont les premières peintures portaient cette triste marque de langueur hésitante est de force, aujourd'hui, à regarder en face l'astre des peintres. Parmi les nombreuses figures qu'il groupé ou qu'il assied à l'entour du cortège sacré, quelques-unes sont vraies et charmantes, d'une vérité un peu commune pourtant et qui gagnerait à être serrée de plus près et d'un charme un peu banal encore, auquel une étude plus attentive des vases, terres cuites, et bas-reliefs eût donné plus de distinction, de souplesse, d'élégance. On souhaiterait en un mot, en cette fête attique, plus d'atticisme. La *Fête antique* a obtenu, auprès des amateurs délicats, un succès légitime ; toutefois dans l'ascension régulière vers les cimes élevées de l'art que semble vouloir poursuivre M. Buffet, cet ouvrage, si intéressant mais si incomplet, ne doit être qu'une étape au-delà de laquelle son talent, plus assuré et plus mûr, trouvera promptement les occasions de se signaler mieux encore.

Les aspirations vagues, dans ce genre d'évocations, et les à peu près ne suffisent pas. M. Foreau, qui possède un juste sentiment du paysage expressif, nous en fournit la preuve dans son *Cortège de Bacchus*. Passe pour le paysage de fantaisie, décoratif et conventionnel. La mythologie grecque est si poétique, la légende chrétienne est si humaine, qu'un artiste peut toujours les transplanter dans un autre milieu que leur milieu original. Les déesses de Botticelli, de Poussin, de Rubens, de Boucher sont toujours des déesses, parce qu'elles gardent encore, dans leur beauté florentine ou romaine, flamande ou française, l'âme sereine ou voluptueuse que leur a donnée l'imagination antique. Les prophètes et les apôtres de Michel-Ange et de Rembrandt, dans leur nudité colossales ou leurs guenilles hollandaises, sont encore de saints personnages parce qu'ils respirent la fierté ou la familiarité de la Bible et de l'Evangile. Mais les bacchants et bacchantes, mai griots et chiffonnés, qui cheminent sous la futaie de M. Foreau, en quoi nous parlent-ils de gaîté, d'enthousiasme, de beauté ? Les jeunes femmes bien plus modernes, un peu effacées, trop peu transfigurées et exaltées, de M. Boyé, dans sa *Nausicaa*, et de M. Albert-Valentin Thomas, dans son *Hymne à Sélène*, sont moins éloignées du sentiment antique, tout simplement parce qu'elles sont plus naturelles et plus expressives. La Nausicaa de M. Boyé notamment est traitée avec un sens délicat et poétique des jeunes élégances de la forme et des dégradations nuancées de la lumière. Sa toile est un peu grande pour l'importance et la solidité de ses figures. On peut faire la même observation pour les *Nymphes et Persée* de M. Lauth, et même pour le gracieux *Automne, Hymne à Cérès* de M. Albert Laurens. Les rêveries archaïques gagnent parfois à être traitées en esquisses, surtout quand la rêverie reste un peu vaporeuse. On en trouve de jolis exemples au Champ-de-Mars dans l'*Homère*, assis et chantant, vers lequel accourent les pâtres, et dans les *Baigneuses* de M. René Ménard, deux effets de crépuscule, où le charme mystérieux du paysage qui s'endort s'associe agréablement au charme des nudités chastes et expressives. M. Paul Chabas, dans le *Dernier Rayon*, M. Maurice Chabas, dans *Idéal Pays*, et quelques autres encore font des recherches heureuses dans le même ordre d'idées

Sont-ce les décorateurs qui nous donneront des impressions de joie, d'harmonie, de beauté ? C'est leur strict, devoir, quelques-uns en ont conscience. M. Henri-Martin, dans sa seconde frise pour l'Hôtel de Ville de Paris, *la Musique, la Sculpture, l'Architecture*, nous donne au moins celle de l'harmonie. Même disposition que l'an dernier. Entre les retombées des arcs, des figures contemporaines, un sculpteur et un musicien, assis et rêvant. Autour et au-dessus d'eux, dans les tympans, des apparitions de femmes, portant des fleurs ou des symboles, silhouettes tristes et maladives, mais sympathiques et délicates. Le procédé est toujours

le même, pointillé et chétif de près, mais prenant corps et assez
vibrant à distance. L'harmonie est originale, tendre et fine. M.
Albert Maignan, dans son *Plafond pour la Chambre de commerce
de la ville de Saint-Etienne*, a très prestement et très agréablement
marié les forgerons encharbonnés et les ouvrières enrubannées qui
représentent les deux activités du pays, la noire industrie du fer, la
riante industrie de la soie. Assises ou volantes, réelles ou idéalisées,
les figures se meuvent avec aisance dans la fumée ou la clarté d'un
ciel bien ouvert. C'est l'œuvre d'un artiste ingénieux et savant, qui
est en bons termes avec Tiepolo et dont la main s'est assouplie et
affermie à la fois après une utile conversation avec cet aimable
maître. C'est aussi dans un *Plafond* où diverses allégories féminines
des Lettres et des Arts déploient galamment, en des poses diverses,
leurs nudités conquérantes que M. Gervais, dont nous avons
souvent loué le talent sans toujours approuver l'usage qu'il en
faisait, nous offre une preuve nouvelle de sa virtuosité. A notre
avis, c'est la bonne. On n'a qu'à regarder les portraits superficiels
qui avoisinent son plafond pour voir où le porte sa vocation. Son
affection pour les colorations exaspérées ou subtiles, son habileté
à manier les éclairages artificiels, son sentiment des élégances
sensuelles de la beauté féminine, ses indulgences pour ce que la
coquetterie et la toilette peuvent ajouter de factice et de provocant
à cette beauté, tout cela trouve son emploi dans un décor destiné
à réjouir des yeux mondains, dans un milieu de plaisirs, sous les
lueurs du gaz ou de l'électricité.

Ce n'est pas, hélas ! par l'accord ni l'harmonie que la toile voisine
de M. Ferrier, *le Paradis des Amours*, charme et retient les yeux,
bien qu'elle les attire et les éblouisse. M. Ferrier, comme M. Gervais,
comme beaucoup d'autres peintres avant eux (tous nos maîtres du
XVIIIe siècle, Watteau, Boucher, les Van Loo, Fragonard), paraît
aimer le théâtre, la vie de théâtre, les gens et les effets de théâtre, et
composer d'après ses impressions théâtrales. Ce n'est pas un crime,
mais c'est un danger. Telle dose de convention, d'exagération, de
sentimentalité, de maniérisme qu'on accepte, comme spectateur,
un instant, sur la scène et dans des acteurs, semble tout à coup
excessive dans l'œuvre pittoresque et durable, qu'on regarde
longuement sous la lumière naturelle, dans le milieu ordinaire
de la nature et de la vie. Le ténor de M. Ferrier, fat et souriant,

qui se fait cajoler par un trio de ballerines ne rappelle que de loin, pour l'agrément plastique, bien qu'on y soit presque aussi nu, le bas-relief du musée de Naples, représentant une scène érotique du même genre, Apollon et les Grâces, disent les uns, Alcibiade dans un mauvais lieu, disent les autres. Pour le reste, pour les groupes de couples amoureux ou de nymphes taquinées par les amours, on ne peut que penser à ces *Jardins d'Amours* (à Dresde, à Madrid, à Vienne) où l'imagination sensuelle et païenne de Rubens se donnait si libre carrière avec cette puissance de fantaisie et cette chaleur d'exécution pittoresque qui justifient seules de tels caprices. M. Ferrier est un praticien extraordinairement habile, qui enlève le morceau de nu et le bout de draperie avec une prestesse et un éclat incontestables ; cette prestesse de main ne suffit pas à faire oublier la banalité de l'imagination, et cet éclat du morceau ne fait qu'accentuer le papillotage de l'ensemble.

Avec beaucoup moins de science, pour les figures, et moins d'expérience pour l'arrangement, c'est aussi par le papillotage que M. Béroud tire l'œil sur sa bizarre, sinon inconvenante, allégorie de la *Reine des Rois*. Pourquoi M. Béroud, qui est un excellent peintre d'intérieur, de lambris, de marbres, de tapisseries, s'obstine-t-il à vouloir meubler ses décors de figures vivantes et à faire des tableaux philosophiques ? Quelle admirable idée d'avoir assis sur l'autel, dans une chapelle catholique, au lieu de la Madone, une fille déshabillée et de la faire adorer par de vieux nigauds de rois mages, tandis que, dans les niches latérales, des Hercules en marbre, sortant de leurs cadres, se livrent à des pugilats grotesques ! Ce n'est pas édifiant, ce n'est guère instructif, c'est médiocrement peint ; la dernière constatation est, de toutes, la plus fâcheuse. On voit quelques figures enlevées d'une brosse assez franche, dans un ton vigoureux, chez un voisin de M. Béroud qui, comme lui, a eu son idée. L'idée de M. Trigoulet, toutefois, est plus simple, et procède de la Danse des Morts ; seulement, de notre temps, si les vivants rechignent toujours à s'en aller, ils ne dansent plus comme au moyen âge ; c'est au pas, à la file, qu'ils se traînent vers une grosse tête monumentale, vague et menaçante dans l'ombre, tête de Sphinx ensablé changée en tête de mort. Si M. Trigoulet, qui a un tempérament de peintre, avait donné à toutes ses figures l'accent qu'il a mis dans quelques-unes, notamment dans le mendiant du premier plan, il eût fait un bon tableau. M. Jean Veber exerce, lui, notoirement, la profession, périlleuse pour un peintre, d'avoir des idées bizarres, mais, du moins, il l'exerce en peintre. L'*Homme aux poupées* n'est qu'un fou ; l'artiste ne l'est pas. C'est d'une main assez vive qu'il exhibe un détraqué déjà mûr, romantique ou décadent, exsangue et distingué en son habit noir, tenant conversation intime avec une marionnette de poète lauré d'or dont il presse le ventre, tandis que d'autres marionnettes, dont il connaît déjà le vide, saintes ou déesses, jonchent son divan et son tapis. L'enseignement moral de cette allégorie, en tout cas le morceau capital c'est l'insolente nudité d'une grande fille qui s'étale, jambes ouvertes, près de notre rêveur de chimères, sans qu'il daigne y jeter les yeux. Revanche, appel, ironie de la réalité méprisée ? Mystère. La peinture est bien menée, grasse, savoureuse : on a le temps d'approfondir.

Au sortir de tant de philosophie, il fait bon de se rasséréner par la vue d'une œuvre saine, simple et puissante. Nous en avons au moins une devant laquelle on peut, sans crainte, s'attarder. C'est le *Christ mort* de M. Henner. Cet admirable peintre, si libre dans ses partis pris, si varié dans ses monotonies, se plaît, comme tous les grands artistes, à répéter les mêmes sujets, parce qu'il les trouve plus riches à mesure qu'il les approfondit, parce que son interprétation réalisée lui semble toujours inférieure à son interprétation rêvée. Il a déjà peint plusieurs Christs, nus et blancs, ainsi étendus sur la pierre froide du tombeau ; il en peindra peut-être d'autres encore. Nous doutons, jusqu'à preuve contraire, qu'il se surpasse désormais. Ce n'est pas seulement par la beauté plastique et pittoresque, par l'ampleur puissante et sûre de la forme, par l'accord grave et exquis des blancheurs dans l'ombre que sa maîtrise enchante nos yeux. Cette fois le peintre ému se montre, dans un chef-d'œuvre, l'égal du savant ouvrier ; cette fois, il a mis dans l'expression du Christ toute son âme, comme il a mis tout son talent dans la facture, avec la même simplicité mâle et tendre. La douleur est aussi profonde, noble et contenue, dans cette tête béante, aux yeux clos, que la majesté est douce dans ce beau corps affaissé. Nous voulions un exemple de grand style, en voici un, nous pouvons nous y tenir. Nous n'en trouverons point d'autre de cette valeur dans aucune œuvre religieuse ou historique.

La Bible, l'Evangile, la Légende Dorée, ne semblent plus guère exalter nos peintres, ou, s'ils feuillettent ces grands livres d'un doigt léger, c'est pour y trouver prétexte à des saynètes mondaines plus qu'à des scènes édifiantes ou touchantes. On a quelque peine à retrouver le caractère simple et grave de la Vierge Mère dans la plupart des fillettes grêles et vaporeuses, sentimentales et minaudières, qui se présentent, en foule, sous ce nom. Le *Christ et la Madeleine*, par M. Berges, n'est qu'un joli tableau de genre, et nous lui préférons son *Martyre de saint Léon*, avec ses fonds chauds de murailles ardentes ; M. Berges possède une palette assez riche, et ce peut être un peintre. Le *Saint Patrice convertissant deux nobles Irlandaises* par M. Etcheverry, l'*Épave sainte* de M. Fauret, le *Saint Georges* de M. Henri Gain, la *Prédication de saint Maximin* par M. Girardot, font preuve, aux points de vue pittoresque ou expressif, d'une habileté intéressante. Toutes ces figures sont de moyenne ou petite grandeur et enveloppées par le paysage. Mme Demont-Breton, presque seule, dans son *Ismaël*, a donné à ses deux personnages l'importance d'études académiques, et montré, une fois de plus, son talent ferme et résolu, L'*Arène*, avec ses martyrs entassés, par M. Laubadère et l'*Annonciation aux Bergers* par M. Henry Perrault, sont de grandes compositions scolaires, où les bons morceaux, fortement brossés ou savamment dessinés, disparaissent encore dans l'incertitude de l'ensemble.

L'histoire profane, même l'histoire nationale, n'inspire guère non plus nos peintres peu liseurs en dehors de M. Tattegrain. La vaste toile, commandée à M. Henry Lévy pour l'Hôtel de Ville de Dijon, *la Bourgogne*, est menée avec cette souplesse de pinceau et cet agrément d'esprit dont ce décorateur distingué a donné des preuves à Saint-Merry et au Panthéon. La composition groupe autour du trône de la Bourgogne un choix de ses illustres enfants, depuis saint Bernard et Philippe le Bon jusqu'à Rude et Carnot. La société est nombreuse, elle pouvait l'être plus encore, car la Bourgogne est une mère féconde et robuste, et ses enfants, de tous temps, ont compté parmi les hommes les plus mâles et les plus énergiques qui aient porté au loin la gloire du nom français. Ce caractère de santé, de force, de gaieté aussi, qui est bien du terroir, le retrouvons-nous ici dans la jeune dame, élégante et languissante, qui préside cette correcte assemblée, avec les trois Grâces et l'Amour ? Le retrouvons nous même dans les attitudes, les expressions, les types, la plupart si connus, des revenans illustres qui l'entourent ? Moins d'aimables allégories, plus de réalité physiologique et psychologique, c'est ce qu'on demandera désormais et justement aux peintres d'histoire. Toutes les prestesses et les séductions de la brosse ne sauraient les dispenser de cette qualité fondamentale, la sincérité d'imagination. C'est une qualité qu'on a toujours remarquée dans les ouvrages de M. Rouffet et ce souci de la vérité se remarque encore dans son épisode de la campagne de Russie, *les Aigles*. Un groupe de soldats, sous la brume, dans la neige, chevauche d'un pas lourd, emportant les drapeaux sacrés, dont les hampes dépouillées et les aigles mutilées se profilent tristement sur le ciel. L'impression est grave et même grandiose, la peinture, par malheur, un peu mince. Comme tableau épisodique, la *Charge repoussée*, par M. Sergent, est un des plus vivants qu'il ait faits. Le moyen âge est surtout représenté par deux petites études de M. Jean-Paul Laurens, deux enfants dans un cachot, les *Otages*, et l'impératrice byzantine *Irène* ; cette dernière est un morceau excellent pour le sens historique et la force de l'expression colorée. Nous devons aussi remercier un Anglais, M. Joy, de nous avoir donné cette année, dans sa *Jeanne d'Arc* endormie, la conception la plus pure et la plus gracieuse de notre héroïne nationale. Dans le xvir3 siècle, M. Gaston Mélingue nous montre *Jean-Bart, à Versailles*, bousculant, avec sa rude franchise, les courtisans, et M. Gérome, le Roi-Soleil, vieilli et cassé, escortant, d'un pas fatigué, la chaise à porteurs où se prélasse la Maintenon, durant la *Promenade de la Cour dans les jardins de Versailles*.

Section II

L'imagination qui conçoit le beau et qui ressuscite le passé a toujours été le privilège d'un petit nombre d'artistes. Il n'est point surprenant que dans une époque d'agitation pratique et de surexcitations constantes, comme la nôtre, où la prolongation du rêve solitaire et de la réflexion personnelle devient chaque jour plus difficile et plus anormale, ce nombre semble diminuer encore. On a beaucoup parlé d'idéal, il est vrai, dans ces derniers temps, mais on ne parle jamais autant de bonne santé que dans la maison d'un malade, et l'agitation incohérente et fiévreuse avec laquelle nous discutons sur l'esthétique est la preuve même que nous manquons, sur ce point, et de convictions et de direction. Sans nous attarder à de vagues doléances, après avoir constaté qu'il nous reste, en somme, un groupe fort honorable de peintres en quête de conceptions poétiques, sachons jouir de ce que nous offre l'esprit observateur et ingénieux de nos contemporains, et, à défaut de rêves sublimes, estimons, à leur prix, ces délicieuses et innombrables joies que nous peuvent donner les peintres de la réalité, par la seule contemplation intelligente de la nature et de la vie. Les beaux et bons portraits, les grands et fins paysages, les scènes de mœurs naïves ou spirituelles abondent dans les deux Salons, comme d'habitude, et pour peu qu'on aime vraiment la peinture, qu'on ait l'œil sensible au langage de la couleur et aux éloquences de la lumière, on y admire souvent avec quelle variété de vues, avec quelle verve et quelle vivacité les peintres contemporains, mal préparés, en général, aux réalisations complètes, mais fort habiles aux notations brèves et rapides, savent distinguer et définir des aspects imprévus dans le spectacle toujours mobile des êtres et des choses.

Nous avons déjà remarqué combien les portraits collectifs, les réunions d'un certain nombre de personnes dans leur milieu accoutumé, deviennent d'usage et même de mode. C'est encore une tradition qui renaît. Dès les premiers temps de la Renaissance, bien avant ces fameux tableaux de corporations hollandais dont Ravestein, Frans Hals, Van der Helst, Rembrandt et bien d'autres nous ont légué de si admirables spécimens, les peintres d'Italie aimaient à grouper leurs contemporains, soit parmi le cortège des figures idéales, en spectateurs et assistants, comme les Florentins, soit dans le cadre réel d'une salle de concert ou de festin, comme les Vénitiens, et, à leur suite, les Bolonais. Au Louvre même, le groupe de *Musiciens et Artistes* par François Puget, fils du grand sculpteur, la *Famille de Mme Mercier* par Dumont le Romain montrent (sans parler des peintures officielles) que cette pratique n'eût point répugné à nos peintres, si les mœurs leur en avaient fourni de plus fréquentes occasions. C'est depuis une trentaine d'années, depuis le réveil de l'esprit d'association, à l'imitation des Hollandais, que cet usage a décidément reparu. Tous les hommes de notre génération se souviennent de l'impression produite par le *Docteur Velpeau au milieu de ses élèves* de Feyen-Perrin (salle des internes à l'hôpital de la Charité) et l'*Hommage à Delacroix* par M. Fantin-Latour (suivi, quelques années après, par l'*Atelier des Balignolles*), lorsque ces deux peintures, si honnêtes et si franches, parurent au Salon de 1864. Depuis ce temps le goût s'est répandu dans les écoles, dans les hôpitaux, dans les associations diverses, de perpétuer ainsi le souvenir des amis ou des collaborateurs que la vie réunit un jour pour les séparer ensuite ; il est à désirer que ce goût se change en habitude, car, si c'est là une des manifestations les plus naturelles et une des plus légitimes constatations de la solidarité affective ou intellectuelle dans les générations passagères, c'est, en même temps, pour les peintres, une occasion toujours renouvelée d'exercices sains et utiles dans lesquels ils peuvent déployer toutes leurs qualités de dessinateurs exacts, de coloristes brillans ou graves, d'observateurs émus.

L'ouvrage le plus important, dans ce genre, aux Champs-Elysées, est dû à un Bavarois, M. Herkomer, l'auteur célèbre des *Invalides de Chelsea*, si fort admirés à l'Exposition de 1878. C'est une séance du *Conseil municipal de Landsberg*. M. Herkomer, habitant Londres, naturalisé Anglais, est classé au premier rang parmi les peintres de la Grande-Bretagne ; toutefois, il est resté Allemand, de la forte lignée de Durer et d'Holbein, par la simple et mâle vigueur avec laquelle il analyse et traduit un visage humain. Sa peinture, fortement réchauffée au contact des Hollandais, garde pourtant l'enveloppe jaunâtre qui fut longtemps la marque de l'école munichoise, studieuse des vieux tableaux, et respectueuse des vieux vernis ; la pâte en est un peu lourde, très solide, au besoin éclatante, en somme, une belle et loyale matière. Le maire de Landsberg, avec son secrétaire, est assis, de face, au bureau à contre-jour, entre deux fenêtres ouvertes d'où l'on aperçoit la place et les maisons. De chaque côté, dans des stalles en chêne, du même bois que le bureau et les lambris, se tiennent cinq conseillers, dont les visages s'éclairent de côté. Les attitudes et les expressions nous disent l'attention et la gravité avec lesquelles ces braves gens accomplissent leurs devoirs civiques. Les types, très accentués et très locaux, sont déterminés avec cette simplicité hardie de vérité et de naturel qui est la plus désirable et la plus rare aussi des qualités en ces sortes d'ouvrages. M. Herkomer, né à Landsberg, a fait don de cette toile à sa ville natale ; ses compatriotes trouveront, avec raison que cette belle peinture est, en même temps, pour eux un bel éloge.

La même fermeté de pinceau ne se retrouve pas dans le *Laboratoire à Saint-Lazare* de M. Story ; était-il possible qu'on l'y trouvât ? Une lumière fraîche et vive, déjà blanche, s'épanchant dans une salle blanche, sur des vêtements blancs et des visages blancs, y amollit forcément et y décompose les formes : nous l'avons déjà constaté dans toutes les scènes d'hôpitaux, naguère traitées par les artistes les plus différents. La meilleure dont on se souvienne est peut-être la *Salle d'hôpital* de M. Jimenès, qui obtint la médaille d'honneur en 1889, dans la section espagnole. M. Story comme M. Jimenès, malgré son origine étrangère, est un praticien d'éducation française. On retrouve dans sa symphonie en blanc, à un degré moindre, les qualités d'un de nos compatriotes qui, l'un des premiers, a étudié ces sortes d'effets avec une délicatesse particulière. M. Dantan se souvient aujourd'hui de ses premiers succès ; il les renouvelle en nous montrant dans un atelier inondé de lumière, peuplé de plâtres blancs, un vieux mouleur qui dépouille le modèle enterre de son enveloppe (*Moulage*) : c'est un pêle-mêle de blancs vifs et presque aveuglants, dans lequel M. Dantan se plaît à nous indiquer une multitude de nuances curieuses et d'amusantes subtilités.

L'essentiel, en ce genre de groupes, c'est que les figures se présentent ou se meuvent dans un milieu justement approprié et qu'elles s'accordent avec ce milieu, soit d'intérieur, soit de paysage. Rien n'est plus fâcheux que de sentir les deux choses, décor et figures, mal associés, discordants et comme juxtaposés. C'est pourtant, si je ne me trompe, l'impression qu'on éprouve devant le groupe de sept jeunes filles rangées en pleine lumière, par M. Schommer, dans un jardin. Toutes les étoiles de cette pléiade mondaine sont charmantes et fraîches, d'une fraîcheur encore avivée par la grâce légère des toilettes d'été. Quelle occasion, pour un peintre, d'associer toutes ces jeunesses dans une harmonie printanière, avec les jeunesses de la verdure et des fleurs ! Mais M. Schommer, bon figuriste, n'est pas au même degré bon paysagiste. C'est le cas de plusieurs de ses compagnons de Rome, notamment de M. Wencker. Celui-ci déshabille, il est vrai, ses demoiselles, et, dans un parc ombreux, auprès d'un bassin propice aux ébats des nymphes, il nous montre à nouveau une déesse du *high-life* détachant sa sandale, entourée d'une dizaine d'aimables compagnes, dans la même nudité, se baignant ou prêtes à se baigner. Toutes ces figures, séparément, sont correctes, d'un joli mouvement, d'une exécution savante et fine, d'un style net et élégant qui sent ses bonnes études d'après l'antique, mais l'eau où elles se plongent ne les trempe pas, les futaies où elles marchent ne les ombragent pas ; sur leurs corps polis et intacts on ne voit jouer ni une ombre ni un reflet ; on dirait de charmantes statuettes d'ivoire, dans un cabinet d'amateur, posées sur un fond vert. Le *Paphos* de M. Gorguet, dans de plus grandes dimensions, qui représente aussi une scène de bain, toute moderne malgré le titre, témoigne d'une connaissance plus exacte de l'entourage naturel. Les nudités, souples et chastes, juvéniles et élégantes, sans aucune des maigreurs ni des pauvretés à la mode, s'y mêlent, en d'heureuses attitudes, à des figures de jeunes filles habillées. Il est regrettable que l'exécution de cette charmante composition soit, pour le coloris, incertaine et terne. Les progrès du jeune artiste s'y affirment, dans le dessin et le style, d'une façon remarquable ; les baigneuses ne sont pas Grecques, mais le sentiment est presque antique. Parmi les adorateurs de la beauté plastique, M. Gorguet est évidemment l'un de ceux qui professent pour elle le culte le plus élevé et le plus pur, et qui sait le mieux composer un groupe. Je ne trouve la même vérité, dans la grâce, ni chez M. Lalyre, ni chez M. Paul Leroy, ni chez M. Tapissier, dont les groupes féminins ont pourtant du mérite. Il est vrai que tous ces artistes, comme M. Bouguereau, dans sa *Vague*, et M. Gérome, dans sa *Vérité*, ont cherché la beauté idéale, et que plus hardis que ces maîtres, ils ne se sont pas contentés d'une figure isolée ; on doit leur en tenir compte.

Nous aimons trop, nous connaissons trop aujourd'hui les champs et les bois pour nous faire à ces paysages conventionnels dont nos portraitistes décorateurs, Largillière, par exemple, accompagnaient leurs figures réelles, lorsqu'ils prétendaient encore les placer dans un milieu exact. Si on nous peint les gens en famille, nous les voulons vraiment en famille, dans leur logis vrai, dans un paysage vrai. On regarde, aux Champs-Elysées, quelques morceaux agréables dans ce genre, *Une Conversation entre Amis dans un atelier*, par M. Morisset, la *Loge de Mlle Yvette Guilbert*, par M.

Alberti, et, dans de plus grandes dimensions, *l'Échec et Mat* de Mlle Beaury-Saurel, *Loin de Paris* de Mme Delacroix-Garnier etc… Je rangerais volontiers dans la même catégorie, en y voyant un bon exemple de ce qu'un esprit délicat et poétique peut ajouter de charme à un ensemble d'images réelles par l'ingénieuse adaptation du paysage, la grande toile, un peu trop grande, d'une tonalité grise et assourdie, très délicatement nuancée, de M. Paul Steck, *Tendre automne*. Le jeune homme assis au pied de l'arbre qui s'effeuille, la jeune mère qui s'avance vers lui, avec un geste heureux, la fillette portant une grosse gerbe de fleurs, pressée contre sa mère, sinon les trois autres jeunes femmes, au fond de la prairie, qui s'effacent dans l'ombre tombée, toutes ces figures familières semblent bien des portraits et des portraits d'êtres aimés. Une sorte de mélancolie aimable, dans le recueillement du crépuscule et les décolorations de l'arrière-saison, plane sur cette scène familiale qu'elle poétise et ennoblit.

La toile décorative que M. Lucien Simon au Champ-de-Mars intitule *la Peinture* semble aussi une réunion de portraits. Près d'une fenêtre largement ouverte sur la perspective d'un village, au bord d'un lac, un peintre, assis devant sa toile, a pour modèle, modèle indocile et agité, un baby que sa mère s'efforce de tenir à la pose, sur ses genoux, tandis qu'une jeune fille, debout entre eux, cherche à amuser l'enfant. La silhouette attentive de l'artiste travaillant dans l'ombre, les silhouettes mouvementées des jeunes femmes, en robes claires, se découpant sur les clartés de la campagne lointaine, ont fourni au peintre l'occasion de noter des oppositions ou des rapprochements lumineux, d'une délicatesse bien observée. Si l'exécution générale n'est pas soutenue, d'un bout à l'autre, avec la résolution qui caractérise les œuvres définitives, et si même l'on pourrait désirer plus d'éclat en certaines parties, la toile n'en reste pas moins charmante par son accent sincère et naturel. C'est de ce côté, à notre avis, que M. Lucien Simon, artiste très bien doué, mais encore inquiet et tâtonnant, ferait bien de porter son principal effort, car c'est, jusqu'à présent, dans ces groupements de figures familières, qu'il s'est montré le plus personnel. Une inquiétude du même genre que celle qui trouble M. Lucien Simon, l'inquiétude propre aux intelligences ouvertes et curieuses, toujours prêtes à comprendre les manifestations les plus diverses, dans le présent comme dans le passé, ne cesse d'agiter M. Blanche. Nous aurions tort de nous en plaindre, car c'est souvent avec un vrai charme qu'il nous a fait partager, par ses réminiscences heureuses, son enthousiasme éclectique pour les maîtres anglais, flamands, hollandais, français, dont les charmes divers l'enivrent tour à tour. En nous montrant, dans la campagne, le vaillant paysagiste norvégien, *Fritz Thaulow*, rubicond, jovial, heureux, en blouse d'été, devant sa toile, avec sa femme et sa fillette derrière lui, tenant entre ses genoux son dernier baby, M. Blanche pense au maître de la clarté et de la santé, au grand Pierre-Paul, à Rubens : on peut avoir de plus mauvaises pensées. Le groupe est vivant et charmant, avec des morceaux vils et hardis, d'une fraîcheur exquise, comme le baby rose, habillé de rose, et le bon visage rose, tout épanoui, du peintre. L'accord avec le paysage, comme chez M. Simon, est parfait ; il n'y manque de même qu'une décision plus soutenue dans l'ensemble. Combien de peintres autour de MM. Simon et Blanche, à qui l'on pourrait adresser ces éloges et exprimer ces regrets ! Il faut de la curiosité, de la variété, du dilettantisme, si l'on veut ; pas trop n'en faut, cependant ; sinon une heure arrive, parfois bien vite, où l'esprit médiocre et borné, mais décidé et actif, l'emporte sur l'esprit supérieur et ouvert, mais irrésolu et rêveur : c'est vrai dans la vie et c'est vrai dans l'art. On ne peut s'empêcher de retomber dans cette réflexion banale lorsqu'on assiste, chaque année, à la série nouvelle des tentatives brillantes et incohérentes auxquelles se livre, par exemple, M. Latouche, dont l'extraordinaire virtuosité ne cesse d'étonner, sans arriver à s'imposer, parce qu'elle n'a pu, jusqu'à présent, se fixer nulle part. Fragonard, Watteau, Tiepolo, Delacroix, Ziem, Benjamin-Constant, Dagnan, les morts et les vivons, les académiques et les romantiques, sans parler des naturalistes et des impressionnistes. Toute une foule de réminiscences s'agite dans cette imagination vive et allumée, sans qu'il en sorte autre chose que des feux d'artifice éblouissants et éphémères. M. Latouche avait débuté par des œuvres plus simples et plus saines ; on retrouve son talent, sincère et ressenti, de dessinateur et de physionomiste ; dans sa *Réunion de portraits*, une jeune femme, assise dans un parc, avec son mari et ses enfants. Ce jour-là, toutefois, ayant pensé à M. Besnard, M. Latouche adonné à sa figure principale une robe jaune, d'un ton si audacieux et si provocant, que l'éclat intempestif de cette étoile triomphante compromet encore autour d'elle la fraîcheur souriante et la vérité des visages. Les portraits de figures isolées, en pied ou en buste, dans les deux Salons, sont extrêmement nombreux, comme toujours, et fréquemment réussis. Comme portraits officiels, aux Champs-Elysées, le plus important, *Sa Majesté l'Empereur de Russie Alexandre III*, à cheval, par M. Jean Rosen, est d'une exécution soignée et très précise. C'est aussi avec soin et avec précision que *M. le Président de la République* est représenté, dans le nouveau Salon, en pied, par M. Rondel, et que, dans l'ancien, *M. Félix Faure, chef de bataillon des mobiles de la Seine-Inférieure en 1870*, se montre dans une petite toile rétrospective de M. Lemuenier. Images exactes, sinon très vives. Les amateurs de peinture s'arrêtent surtout devant *M. Ricard*, ancien garde des sceaux, peint par M. Bonnat. Le relief puissant du visage, l'épanouissement et la vivacité de la physionomie, l'exécution ferme et libre des vêtements et des fourrures, y affirment, à nouveau, la maîtrise de l'artiste qui, dans un portrait de jeune Anglaise, *Mrs. Bodley*, traité en style anglais, prouve en même temps, à deux pas de là, la souplesse de son pinceau et son sentiment de l'élégance. Le *Portrait de M. Brisson, président de la Chambre des députés*, par M. Baschet, est d'une belle tenue, grave et digne, dans le style ferme et sobre qui convenait ; celui du *Général de Boisdeffre*, par M. Victor Gilbert, sérieux et brillant. Parmi les meilleurs, se trouvent naturellement ceux dont les modèles sont les plus chers au peintre, portraits de parents, d'amis, d'eux-mêmes, le *Portrait de mon fils André*, par M. Benjamin-Constant, d'une si mâle tenue, d'un dessin si ressenti qu'on pense, en le voyant, aux belles œuvres d'Ingres, celui de *M. Carolus-Duran*, par M. Henner, une étude fine, puissante, profonde, celui de *Paul Leroy*, peintre aimable et doux, celui de *M. Emile Motte*, peintre belge, maladif et mystique, par eux-mêmes, tous deux d'une facture habile et appropriée aux caractères. Il y faut joindre encore le *Portrait de M. B...* si exact et si net, par M. Morot, deux fins portraits de M. Axilette (*M. Paul Hervieu et M. Leclanché*), puis, quantité d'œuvres intéressantes ou fidèles, par MM. Cormon, Marec, Henri Boyer, Pille, Brunet, C. Leroux, Barthallot, Umbricht, Maxence, Jolyet, Joubert, etc.

Au Champ-de-Mars même abondance relative, dans une note

moins variée, et, sauf exceptions, dans un style coloré, plus libre ou plus lâché, avec une recherche du beau coup de brosse coulant et facile. Le portrait inachevé d'*Alexandre Dumas*, par M. Roll, est une esquisse vigoureuse et passionnée d'un sentiment si intense et d'une expression si forte qu'on ne saurait désirer mieux. La sympathie cordiale et supérieure de M. Carolus-Duran a aussi bien compris la physionomie réfléchie de *M. Georges Leygues* que la physionomie ardente de *M. Paul Déroulède*, et, M. René Ménard, dont les progrès sont rapides, a caractérisé deux amis, deux peintres, *MM. Lucien Simon* et *Cottet*, avec une franchise et une chaleur remarquables. *M. Zorn* s'est entrevu lui-même, assis, en blouse blanche, dans son atelier, sous une lueur glissante et caressante : c'est un des meilleurs spécimens de son talent si particulier. Les étrangers, d'ailleurs, dans les deux Salons, rivalisent avec nous sur ce terrain. Les Anglais, notamment, aux Champs-Elysées ont remporté d'éclatantes victoires. Le *Portrait du colonel Anstruther Thomson*, acquis pour le Musée du Luxembourg, par M. Lorimer, celui de *M. P. L...* par M. Orchardson, celui de *John Poison Esq.*, par M. Lockhart, y représentent l'école britannique dans toute sa sincérité, sa précision, son intime énergie. Au Champ-de-Mars, on remarque le *Docteur Roux*, une figure vive et nerveuse, par M. Edelfelt, le *Docteur Grier*, d'une physionomie singulièrement fine et résolue sous ses cheveux grisonnants, par Mlle Cecilia Brown, de Philadelphie, et quelques toiles de MM. Sargent, Verheyden, etc.

Les femmes, les belles et les jeunes, et les autres aussi, ont porté bonheur, cette année, à quelques-uns de leurs portraitistes ordinaires ou extraordinaires. C'est, d'une part, MM. Humbert (*Mme P. S...* et *Mlle Héglon*, deux Parisiennes, d'un monde différent, toutes deux vivantes, souriantes, charmantes, peintes avec une aisance de pinceau bien française et bien rare), M. Jules Lefebvre (*Mlle C...* une jeune fille rose et fraîche, en robe blanche et fraîche, d'une grâce ingénue on sa tenue discrète), M. Benjamin-Constant, M. Vollon fils, M. de Quinsac, avec des dames en pied, aux toilettes éclatantes, d'une exécution forte ou brillante, M. Paul Dubois (la *Vicomtesse de M...*, et *Mme J. C...*, deux études psychologiques autant que pittoresques, dignes des précédentes), M. Chartran (*Mme Sarah Bernhardt dans « Gismonda »*), M.

Ernest Hébert (une dame brune, décolletée en buste), puis, avec de savoureuses peintures, à mi-corps ou en buste, MM. Franzini d'Issoncourt, Gabriel Ferrier, Machart, Comerre, L. Glaize, Aviat, etc.. auxquels se joignent nombre d'artistes féminins, Mmes ou Mlles Fontaine, Delorme, Houssay, Leudet, etc.. C'est, d'autre part, parmi les Français, MM. Carolus-Duran, Aman-Jean, Courtois, Edmond Sain, Prouvé, etc., et, parmi les étrangers, MM. Charles Giron, Humphreys Johnston, Boldini, etc.

Il n'y a plus guère aujourd'hui, Dieu merci ! de spécialistes en peinture. Les bons portraitistes, à leurs heures, sont de bons paysagistes, et *vice versa*. Quant aux peintres de figures rustiques ou mondaines, de scènes familières ou mondaines, c'est pour eux le premier devoir de savoir analyser une physionomie et d'entourer leurs personnages d'un décor extérieur ou intérieur qui s'adapte à leur caractère et exalte ou affine leur expression. Les uns sont plus figuristes, les autres plus paysagistes ou plus décorateurs, et, suivant leur tempérament, c'est l'action ou c'est le théâtre qui domine dans leurs œuvres ; il suffit que le théâtre et l'action soient bien faits l'un pour l'autre. M. Duvent, par exemple, aurait été déjà remarqué pour la belle disposition et la juste coloration de son intérieur d'église bretonne, à vitraux peints, lors même qu'il n'eût pas accentué le recueillement du lieu par la présence de pieux paysans à genoux qui chantent : *Le Seigneur soit avec nous* ! Les figures ajoutées sont très bonnes, simples, à leur place ; l'expression de l'œuvre s'en trouve doublée et exaltée, puisque la poésie humaine s'ajoute à la poésie architecturale. Même animation heureuse de l'intérieur simple et de la lumière discrète dans le *Pour la procession* (des fillettes habillées par des religieuses) de M. Boquet. Chez M. Lomon, très habile vernisseur de lambris éclatants, la boiserie, trop dominante, commence à écraser la *Femme à sa toilette*. Pour ces jeux de lumière dans les intérieurs, sur les étoffes et sur les visages, MM. Bréauté, Paul Thomas, d'une part, et, d'autre part, MM. Berton, Tournés, Rosset-Granger, continuent à montrer leur délicate virtuosité.

M. Jules Breton est un des maîtres infatigables qui, l'un des premiers, a compris ce qu'il y avait de force et de séduction dans l'association intime du paysan vrai et de son paysage local. Que ses *Artésiennes* se mettent à la besogne *dès l'aurore*, ou qu'elles se reposent, à la chaleur du jour, on sent qu'elles vivent dans la plaine, bien chez elles, à leur aise, dans l'atmosphère saine, mêlée de brumes et de rayons, à qui elles doivent leurs allures vives et leurs visages pensifs. Un délicat accord du même genre retient les yeux sur les *Souvenirs de Bretagne*, par M. Edmond de Palézieux (les adieux d'un marin et d'une paysanne au bord de la mer). Le paysage et les gens s'y associent naturellement et s'y complètent. Il est à remarquer que parmi les bretonnans d'aujourd'hui, se trouvent beaucoup d'étrangers. M. de Palézieux est Suisse, M. Bulfield est Anglais, M. Marinitsch est Autrichien ; tous deux connaissent leurs marins de Bretagne et peignent bien les loups de mer, hérissés et tendres, brutaux et bonasses, lorsqu'ils se rencontrent en terre ferme, par des jours brumeux, dans quelque boutique ou cabaret bas et obscur (*Chez le Barbier ; les Trois Pilotes*). On regrette que les intentions ethnographiques, plus étendues et plus ambitieuses, qu'on constate et qu'on approuve dans les grandes peintures de M. Deyrolle (*La Procession*), et de M. Chigot (*Pèlerinage de Saint-Jean-sur-Mer*), n'y aboutissent pas à un effet plus soutenu pour l'ensemble, ni à des rendus plus fermes et plus expressifs dans la détermination des types. M. Dagnan a cependant donné sur ce point des exemples qu'on pourrait suivre.

Il faut aller au Champ-de-Mars pour trouver une intelligence plus profonde et plus virile des naïvetés héroïques de la vieille race armoricaine. Toutes les études au *Pays de la mer*, incomplètes et brutales, par M. Cottet, ont un accent de rudesse forte et gauche qui, malgré tout, retient autant qu'elle étonne. Quelques-unes, comme la *Vieille aveugle*, ont une sorte de grandeur sauvage qui sent son primitif, et la peinture, d'une matière forte et grasse, est tout imprégnée de cette chaleur intense, si rare en ce temps d'anémie, que nous avions signalée, dès le début de l'artiste. M. Cottet, évidemment, tâtonne et se débat, dessinateur incertain, sous le poids même de la matière abondante et généreuse, mais opaque et lourde, dans laquelle il taille plus qu'il ne modèle ses figures massives ; on peut espérer que son tempérament robuste sortira victorieux de cet honorable labeur. Malgré ses insuffisances, ce tempérament est, d'ailleurs, si marqué que, par sa seule générosité native, il exerce une action utile autour de lui. On en peut voir les effets, pas très heureux encore, dans le *Pardon de Tronoan Lanvoran* où M. Lucien Simon, troublé par son ami, exagère ses naïvetés et ses lourdeurs. On en constate de bien plus satisfaisants dans le portrait même de M. Cottet, par M. René Ménard, dont nous avons déjà parlé. Que M. Cottet et ses amis ne se découragent donc pas, qu'ils s'assouplissent et qu'ils se complètent en suivant cette voie franche et droite ; pourvu qu'ils nous délivrent, dans les paysanneries, du sentimentalisme romanesque et de la peinture vaporeuse, ils seront bénis.

Aux Champs-Elysées, d'ailleurs, on sent bien aussi, çà et là, le besoin d'en revenir, dans les sujets réels, à une exécution plus réelle, plus forte, plus colorée. M. Bordes, qui est un bon portrait (*Portrait de M. Jean Aicard*) et qui a fait d'estimables tableaux d'histoire, affirme ses qualités de compositeur et de peintre dans le *Laboureur et ses enfants*. On voit là, dans un intérieur rustique, très fermement brossé, un visage de vieux paysan à l'agonie et quelques autres campagnards d'un caractère juste et hardiment poussé. La douleur intense et naïve des deux jeunes époux contemplant, tout hébétés, le *Berceau vide*, après l'enterrement de l'enfant, par M. Buland, est exprimée simplement, avec force, d'une façon poignante. Le *Joueur de vielle* de M. Décote est une étude, ferme et ressentie, de la misère parisienne, dont quelques autres types, bien vus et bien rendus, se meuvent sur les seconds plans de *Devant Saint-Sulpice* par M. Besson. MM. Décote et Besson, déjà remarqués l'an dernier, ont de vraies qualités de peintres. Au Champ-de-Mars, en dehors de MM. Cottet et Simon, il n'y a guère (chose singulière !) dans ces sortes de sujets, de peinture généreuse et savoureuse, si ce n'est le *Pèlerinage* de M. Dauchez, paysage crépusculaire, un peu difficile à pénétrer, mais d'une harmonie douce et profonde avec quelques figures fort expressives. En général, chez les rustiques ou rusticisants, ce sont les traditions de Bastion Lepage ou de Meissonier qui dominent encore, c'est-à-dire l'analyse attentive plutôt que la synthèse chaleureuse, le dessin minutieux plutôt que la coloration large, avec une certaine tendance à la sécheresse et à la pauvreté dans le maniement du pinceau. MM. Friant et Muenier, les plus intéressants, dont les études, précises ou poétiques, sont toujours ingénieuses, soignées, délicates, ne se sont pas encore assouplis et réchauffés, en mûrissant, autant que l'a fait M. Dagnan et le plaisir qu'on éprouve à voir leurs toiles serait singulièrement accru si l'œil y trouvait, dans la facture, plus de vivacité et plus de liberté. Ils ont, ce semble, moins profité de leur séjour au milieu des virtuoses du pinceau, fort nombreux au Champ-de-Mars, que les élèves même de Meissonier, MM. Charles Meissonier, Lucien Gros, Moutte, par exemple, plus soucieux que par le passé de l'enveloppe colorante et de l'agrément coloré. Le *Poste de l'équipage à bord du « Magnhild »*, par M. Charles Meissonier, est un excellent morceau de peinture, où l'on ne trouve plus trace des anciennes duretés. Les idylles bretonnes de M. Lucien Gros, notamment le *Cidre nouveau* et la *Barrière*, les études de M. Moutte, témoignent d'un effort réfléchi et heureux dans le même sens. Quant à M. Steinheil, l'archéologue, historien exact et peintre habile, c'est aux Champs-Elysées, où il est rentré, qu'on peut juger son talent savant et sûr dans le *Vénitien* et les *Trois avis*.

Pour la ferme et vive manœuvre du pinceau, pour l'intensité et la pénétration de vues qu'ils apportent dans l'observation même des choses familières, les étrangers sont toujours bons à consulter dans les deux endroits. Nous avons déjà parlé des Belges, MM. Struys et Luyten. Nous aurions pu y joindre M. Léon Frédéric, dont les études, âpres et rudes, ont toujours d'admirables naïvetés et M. Leempoels qui demande aussi conseil aux honnêtes primitifs. Qu'on regarde certains Anglais, M. Joy avec son intérieur d'*Omnibus de Bayswater*, rempli de voyageurs si britanniques, M. Lorimer, avec son *Mariage de convenance*, quelques [Espagnols, notamment les vives esquisses de M. Sorolla y Bastida (*le meilleur Berceau ; la Bénédiction de la Barque*), quelques Allemands, déjà connus, mais toujours intéressants, MM. (Liebermann (*la Fin de la Journée*) et Kuehl (*Vieille Boucherie à Lubeck*), on reconnaîtra que, si la plupart d'entre eux ont fait leur éducation à Paris et profité de nos enseignements, ils ne tardent point à nous rapporter, en échange, de chez eux, un regain de santé et de vitalité qui peut aussi nous être utile.

Dans la plupart de toutes ces représentations de la vie moderne, le paysage tient une grande place, et les artistes qui peuvent prendre leurs coudées franches, les exposants du Champ-de-Mars, ne manquent pas de joindre à leurs études d'atelier leurs études en plein air. Beaucoup de spécialistes s'en tiennent encore, cependant, au paysage désert ou peu peuplé, soit exact, soit poétisé et, parmi eux, se rencontrent des maîtres et des apprentis d'un grand talent. Le magnifique panneau, *la Loire*, dans lequel M. Harpignies, avec une maturité paisible et fière, semble avoir résumé, dans un style à la fois ferme et nuancé, toute la science acquise durant une laborieuse et heureuse carrière, a pu légitimement disputer la médaille d'honneur aux belles œuvres de MM. Henner et Benjamin-Constant. Le *Val de Lavardin*, par M. Busson où se concentrent aussi toutes ses qualités antérieures, affirme de même, par sa forte et chaleureuse tenue, ce que la bonne nature sait conserver de santé et de belle force chez ceux qui vivent d'elle et qui vivent en elle. A côté de ces nobles vétérans, en tête desquels marche toujours M. Français, suivi de MM. Dernier, Michel, Zuber, etc., d'autres artistes, d'âges divers, maintiennent la tradition du paysage français, le paysage de Claude Lorrain, de Joseph Vernet, de Paul Huet, de Corot, le paysage consciencieusement étudié, mais puissamment résumé dans son effet principal et général, le paysage expressif et poétique, mais d'une expression qui prend tous ses moyens dans la vérité et d'une poésie dont tous les éléments sont des éléments réels et qui satisfait à la fois nos deux passions instinctives et simultanées, la passion de vérité et la passion d'éloquence. S'il est dangereux de se livrer trop exclusivement à la première, qui se peut réduire à l'observation sèche et matérielle des choses, et bien plus encore de s'abandonner complètement à la seconde, qui mène à la rhétorique creuse et vague, il est toujours bon de les faire vivre ensemble.

Parmi ceux qui résument avec le plus de force ou d'éclat aux Champs-Elysées des impressions graves et approfondies, devant le paysage silencieux et désert où l'esprit se laisser librement aller à la contemplation, MM. Leliepvre (*Sentier au printemps, Prairie avec arbres*) ; M. Demont avec sa *Terre promise*, qu'il accompagne d'une étude originale, hardie et juste, le *Temps d'Équinoxe* ; M. Didier-Pouget (*la Lande aux Bruyères*) ; MM. Gosselin, Wallet Nozal (sans parler de M. Pointelin, qui renouvelle toujours, par de délicates variations, son motif favori), ont paru tenir le meilleur rang. M. Réalier-Dumas, en rêvant, dans l'angle d'un atrium de ville antique, à *Pompéi*, nous a donné un bon spécimen de paysage architectural. C'est encore là, cet exemple et bien d'autres nous le prouvent, une de nos traditions nationales auxquelles nous aurions le plus grand tort de renoncer. Nous avons eu toujours du goût, bien avant Lorrain et Poussin, pour le paysage bâti, pour l'architecture combinant ses effets avec ceux du ciel et de la verdure. Les miniatures de Jehan Foucquet, celles des frères de Limbourg ou de leur école, nous en offrent, au XVe siècle, les plus admirables exemples, et l'on peut même remonter au-delà. Le tardif, mais si juste et si nécessaire retour d'admiration qui s'est opéré, de notre temps, dans les esprits sains ou cultivés, vers nos grandes œuvres architecturales et sculpturales du moyen âge, doit encourager nos jeunes artistes à leur donner la place qu'elles méritent dans leurs contemplations de voyageurs. Que M. Réalier-Dumas applique à des ruines françaises sa juste et forte vision, il y trouvera des spectacles suffisamment merveilleux pour n'avoir pas besoin de recourir aux apparitions surnaturelles. L'auréole dont il illumine un fragment de statue dans *Pompéi*, est une superfétation bien inutile ; la réalité, justement admirée et chaudement interprétée, en pareil cas, suffit. On ne sent pas assez peut-être de cette chaleur d'âme devant les monuments, ces témoins pensifs et souvent accusateurs de l'activité et de l'instabilité humaines, dans les *Ruines du château d'Angles*, par M. Pierre Ballue, dans *Villeneuve-lès-Avignon*, par M. Camille Dufour, dans les *Brouillards du matin au Petit-Andely*, par M. Simonnet, dans le *Mont-Saint-Michel*, par M. Noirot ; néanmoins, ce sont toutes là des études sérieuses et intéressantes, dont le nombre s'accroît heureusement chaque année. Aucun effort individuel n'est perdu pour la vie universelle. Ce seront peut-être les pochades des paysagistes et les instantanés des cyclistes qui, en répandant la connaissance de notre admirable passé, contribueront plus efficacement que les études des archéologues et les protestations des lettrés à protéger, contre l'indifférence ou la sottise, et à sauver ce qui nous reste encore de notre patrimoine national et de nos grandeurs historiques. Faut-il ajouter que le passé familier et populaire, tout ce qui exprime l'individualité d'une race ou d'une génération, nous paraît aussi vénérable que le passé monumental ? Faut-il dire que tous les paysagistes faisant halte dans les ruelles ou sous les remparts des vieilles villes, sous l'éternel rajeunissement des aurores joyeuses et des crépuscules mélancoliques, nous semblent aussi accomplir une œuvre pie, et, quand ils sont en France, une œuvre nationale ? Les études de MM. Petit-Jean, Gagliardini, Allègre pour la France, de MM. Rigollot pour l'Algérie, de MM. Bompard, Saint-Germier pour l'Italie, et bien d'autres que nous ne saurions énumérer, rentrent dans cette intéressante catégorie. Au Champ-de-Mars, MM. Cazin, Raffaelli, Billotte, Thaulow, pour la France, Willaerts et Baertsoen pour la Belgique, etc., nous offrent, dans ce genre, des séries particulièrement remarquables.

Quant aux paysagistes simples, à ceux qui veulent seulement nous dire ce qu'ils ont éprouvé de gaîté ou de tristesse, de surprise ou d'étonnement, de charme passager ou de profond ravissement devant un coin du vaste monde, la foule en est grande et leurs façons de sentir et leurs manières de rendre sont si variées qu'il faudrait des pages nombreuses pour les analyser. Beaucoup de ces notations vives et rapides sont bien près d'être des chefs-d'œuvre. La plupart sans doute resteront à l'état d'indication et ne se transformeront jamais en tableaux ; mais qu'importe ? La valeur de l'œuvre ne se mesure point à la dimension. Un accent sincère, nouveau, vif, tendre ou passionné, suffit à sauver de l'oubli un panneau grand comme la main. Combien d'esquisses ou de croquis, chez les grands artistes, valent mieux que leurs œuvres achevées, à plus forte raison chez les artistes ordinaires ! Prenons donc nos contemporains, curieux et chercheurs, inquiets et sensibles, pour ce qu'ils ont ; s'il en est peu qui aient la force de couperet de lier, dans le champ de nature, de très grosses gerbes, il en est beaucoup qui savent y assembler de délicieux bouquets et cueillir des fleurs délicates. Prenons leurs bouquets et respirons leurs fleurs. Qu'on regarde, ici près, les toiles de MM. Quost, Guillemet, Hareux, Dameron, Quignon, Yon, Sébilleau. Masure, Desbrosses, Paulin Bertrand, Tanzi, Isenbart, Japy, Le Sénéchal, Maincent, Ravanne, Barillot, Bail, Biva, Kreyder etc. ; et là-bas, celles de MM. Dinet, Gustave Colin, Monlenard, Dauphin, Harrison, M. Eliot, Dumoulin, Damoye, Courant, Chudant, Victor Binet, Baud-Bovy, Burnand, Barrau, Zakarian, Stengelin, H. Saintin, Rusinol, Moullé, Lobre, Lecamus, Latenay, Jettel, Iwill, Georges et Lucien Griveau, Durst, Cabrit, etc., on sera surpris et ravi du nombre d'impressions nouvelles ou renouvelées, souvent traduites en un style sincère et personnel, que nos contemporains ont éprouvées devant les multiples spectacles des climats divers et des saisons changeantes, et qu'ils ont éprouvées assez vivement et fortement pour nous les faire partager.

ISBN : 978-1981202119